DE

LA PROTECTION
DES INTÉRÊTS ÉCONOMIQUES
DE LA FEMME MARIÉE

PAR

Paul CAUWÈS

PROFESSEUR A LA FACULTÉ DE DROIT DE PARIS

PARIS

LIBRAIRIE

DU RECUEIL GÉNÉRAL DES LOIS ET DES ARRÊTS

ET DU JOURNAL DU PALAIS

L. LAROSE, ÉDITEUR

22, RUE SOUFFLOT, 22

1894

DE

LA PROTECTION

DES INTÉRÊTS ÉCONOMIQUES

DE LA FEMME MARIÉE

PAR

Paul CAUWÈS

PROFESSEUR A LA FACULTÉ DE DROIT DE PARIS

PARIS
LIBRAIRIE
DU RECUEIL GÉNÉRAL DES LOIS ET DES ARRÊTS
ET DU JOURNAL DU PALAIS
L. LAROSE, ÉDITEUR
22, RUE SOUFFLOT, 22
1894

DE

LA PROTECTION DES INTÉRÊTS ÉCONOMIQUES

DE LA FEMME MARIÉE

I. Il ne peut guère y avoir qu'un avis sur la nécessité de protéger la femme mariée contre les désastreuses conséquences de l'inconduite de son mari. Abandonner alors les intérêts économiques du ménage à la direction d'un chef indigne, ce serait être complice du désordre et laisser se consommer la ruine de la famille. Une protection est due à toute femme mariée lorsque le mari mésuse de son autorité, mais c'est surtout pour la femme, qui est réduite pour vivre aux produits de son travail, qu'elle est de toute nécessité. Mariée sans contrat, placée par conséquent, selon le Code civil, sous le régime de la communauté, la seule voie ouverte devant elle est, dans l'état actuel de nos lois, la séparation de biens, voie compliquée, lente, coûteuse. Même avec l'aide de l'assistance judiciaire, cette voie est peu accessible, à cause des dérangements, des interruptions de travail qui en sont la suite inévitable, aux femmes obligées de se livrer à un labeur assidu pour gagner leur subsistance et celle de leurs enfants.

La séparation est d'ailleurs une solution radicale qui risque d'ébranler la paix du ménage ; en dissociant les intérêts, il se peut qu'elle porte préjudice à la femme : c'est une arme à deux tranchants. En outre, si l'inconduite du mari s'explique par un entraînement passager, la femme aura raison de reculer devant une séparation : qu'on lui donne le moyen de préserver de la dissipation les revenus nécessaires à l'entretien du ménage sans engager l'avenir et que ce soit un moyen à sa portée, prompt et simple. Aux cas les plus graves seuls conviennent les remèdes extrêmes.

Malheureusement, s'il y a accord sur l'utilité d'une réforme et sur le but à atteindre, il s'en faut qu'il en soit de même quant aux mesures à adopter ; au fond, les dissentiments en présence desquels on se trouve proviennent de conceptions divergentes sur l'organisation de la famille et le régime économique qui rationnellement lui est applicable; c'est ce qui en fait la gravité. Il s'agit de tout autre chose que d'une question de pratique législative.

En réalité, la question sociale se pose au foyer domestique comme dans l'industrie, et pour être moins aiguë, elle n'est pas moins troublante. Si l'ouvrier essaie de secouer le joug patronal, de même la femme aspire à l'indépendance et se débat contre l'autorité maritale. Depuis quelque temps une association féminine, l'*Avant-Courrière,* occupe l'opinion d'une réforme du Code civil d'apparence discrète, faisant un heureux contraste avec d'autres programmes d'émancipation aussi tapageurs que peu réalisables. Il semble que l'*Avant-Courrière* ait eu à cœur de justifier par ses premiers actes le choix de son emblème : « un soleil levant derrière une colline accessible ». Elle se borne à demander « que la femme mariée ait seule le droit, et sans l'autorisation du mari ni de la justice, de toucher le produit de son travail ou de son industrie personnels et d'en disposer à titre gratuit et onéreux, lorsque cette industrie n'est pas alimentée ou entretenue en majeure partie des deniers du mari ou de la communauté ». Rien semble-t-il plus simple et plus équitable! La Presse s'est montrée sympathique. Les pouvoirs publics ont été invités à réaliser la réforme rédigée en articles de loi par une femme docteur en droit, Mlle Jeanne Chauvin [1].

II. Dans une adresse aux législateurs français, Mme Jeanne Schmahl, le promoteur de l'*Avant-Courrière,* accuse le Code civil d'avoir voulu « le rétablissement inébranlable de la famille antique et la consolidation de la puissance maritale et paternelle », cela « au grand dommage de la famille moderne et de la République ». Ailleurs, dans une étude sur la *Question de la femme,* Mme Schmahl nous fait connaître toute sa pensée [2] : la femme doit être affranchie d'une double servitude; la servitude du foyer aussi vieille que la civilisation; la servitude du travail industriel, nuisible à sa santé, contraire à sa mission naturelle, nuisible aussi à l'ouvrier, parce que la femme « subissant de par son enfant l'impérieuse obligation de vivre », accepte une rémunération insuffisante que

[1] L'*Avant Courrière* poursuit en même temps la suppression de l'incapacité pour la femme, mariée ou non, de figurer comme témoin dans les actes publics ou privés. Mais c'est une question qui doit rester en dehors du cadre de cette étude. La réforme proposée ne paraît pas d'ailleurs devoir soulever d'objections bien sérieuses.

[2] Publications de l'*Avant-Courrière*, extrait de la *Nouvelle Revue,* 15 janvier 1894.

l'homme refuse et devient, par cette concurrence inégale, « le premier et le plus grand obstacle à l'émancipation du travailleur ». Cette déplorable situation ne serait qu'une dérivation de la servitude primitive que, dans la vie commune, l'homme a imposée à sa compagne. Il faut donc émanciper la femme au foyer comme au dehors. Mais comment? On ne le voit pas très bien.

Mme Schmahl veut que la femme soit libre de choisir la carrière qui lui plaît; elle fait en même temps appel au législateur pour qu'il lui procure l'amélioration de son sort.

Le mal social dont Mme Schmahl se plaint est réel. Ce n'est pas le lieu de discuter la valeur des remèdes qui nous sont indiqués d'une façon si vague. Sans repousser l'action législative — sauf à mieux en déterminer l'emploi — on peut se demander si ce mal social n'est pas seulement transitoire : peut-être de nouvelles transformations industrielles permettront-elles à la femme de coopérer au travail productif en restant au foyer où sont ses devoirs essentiels; c'est ce que font espérer quelque peu les solutions déjà données au problème de la distribution à domicile de la force motrice.

Ce qui est surtout regrettable, c'est que Mme Schmahl ne nous dise pas plus clairement quel est son idéal « de la famille moderne ». Serait-ce la juxtaposition de personnes indépendantes les unes des autres? Si l'on rêve l'association conjugale sans unité de direction, sans association d'intérêts, sans appui non plus pour la femme, est-ce bien ce qui répond à la communauté de vie, à cette *individua vitæ consuetudo* que crée le mariage, à ce besoin de confiance et d'abandon qu'éprouve la femme qui unit sa destinée à celle de son mari? L'union libre seule serait en conformité de principes avec l'autonomie de la femme. A la société formée par le mariage, il faut une cohésion, une force d'unité qui suppose un chef. Ce chef sera le mari ou la femme, mais il faut que ce soit l'un des deux. La femme n'a pas encore demandé le transfert de la puissance à son profit. Conservons donc l'autorité maritale, mais garantissons la femme contre ses excès. Le mari s'en est-il rendu indigne? Plutôt alors conférer l'autorité à la femme que de laisser la famille voguer sans gouvernail.

Le rapprochement fait entre la servitude domestique et la servitude industrielle est d'ailleurs instructif. L'idéal qu'on se fait aujourd'hui de la famille, la Révolution l'a réalisé dans l'ordre industriel, et qu'est-il arrivé? Le travailleur, libre mais isolé, a pâti de son impuissance; les institutions corporatives du passé avaient sombré; il s'est efforcé de les faire revivre d'abord pour lutter, puis pour fonder. De là un siècle entier de malaise social et un avenir bien incertain malgré les brillantes perspectives que font luire à nos yeux les croyants de la coopération. Prenons garde, en supprimant l'autorité dans la famille, de provoquer une crise morale et sociale beaucoup plus redoutable encore. En somme, le conflit entre patrons et ouvriers n'intéresse pas toutes les forces vives de la nation, mais l'ébranlement de la famille aurait un contre-coup sur l'ordre social tout entier. L'individualisme triomphant au foyer règnerait en maître au dehors.

III. Si les principes qui ont inspiré les publications de l'*Avant-Courrière* autorisent ces critiques peut-être trop pessimistes, il ne faut pas perdre de vue que la campagne actuelle a un but restreint : donner à la femme le droit de percevoir le produit de son travail et d'en disposer librement. Quel que soit le lointain avenir de complet affranchissement de la femme, c'est ce droit seul qu'on veut présentement faire reconnaître. On le greffe sur le système du Code civil en laissant subsister par ailleurs le régime de communauté. N'y a-t-il pas en cela quelque illusion? Les époux qui se marient sans contrat sont pour la plupart ceux qui n'ont pas de patrimoine à se réserver en propre, ou qui n'en ont qu'un de faible importance. La communauté pour eux, c'est, sinon exclusivement, du moins d'une façon principale, la mise en commun des revenus procurés par le travail et des économies réalisées par l'épargne de l'un et de l'autre. S'il en est ainsi, on enlève à la communauté sa raison d'être et son application la plus ordinaire, car pour les produits du travail de la femme on établit *ipso jure* la séparation de biens. La protection qui lui est offerte de la sorte est trop absolue et cependant illogique et insuffisante.

Quelle est d'abord la nécessité d'une séparation de biens quant à ce que gagne la femme, si le mari est rangé, bon administrateur? — La femme obtient la libre disposition des fruits de son travail? — encore faudrait-il dire si, et dans quelle mesure, elle devra, sur ce qu'elle a touché elle-même, contribuer aux charges du mariage... Sera-ce, à défaut de règlement, pour un tiers, comme la femme séparée de biens par contrat? Les mêmes sources de revenus, salaires, émoluments, honoraires, profits, acquis par le mari à raison de son propre travail, continueraient-ils à alimenter la communauté? Apparemment non : l'égalité du traitement implique aussi une séparation au profit du mari ; cependant la proposition de loi de l'*Avant-Courrière* est muette sur ce point essentiel. Si, comme il y a apparence, les gains du travail de l'un et de l'autre époux sont exclus de la communauté, comment les économies réalisées, non plus en commun mais séparément, pourraient-elles encore en faire partie ? C'est alors à tous égards — sauf quant au patrimoine mobilier de l'un ou de l'autre conjoint (biens mobiliers antérieurs, successions échues au cours du mariage) — la séparation de biens substituée au régime de la communauté. Sous une apparence très modeste, c'est donc un vrai changement de front dans le régime des biens entre époux. Serait-ce un progrès ? Pour l'instant — sous réserve d'un examen ultérieur de cette question — qu'il suffise d'avoir constaté jusqu'où l'on est conduit.

Et cette réforme, plus radicale qu'il ne semble, est inconséquente, insuffisamment protectrice. Logiquement, le droit de disposer des revenus du travail impliquerait le droit de faire librement les contrats, louage de services ou autres, d'où peut résulter pour la femme l'engagement de sa personne. Il n'est cependant pas parlé (dans la proposition de loi) de retirer au mari le gouvernement domestique, d'attribuer à la femme le droit de disposer, en dehors de l'aveu du mari, de son temps, de son activité. Si l'on voulait qu'elle eût sous tous ces rapports une pleine indépendance, ce n'est pas la communauté de biens qui serait compromise, mais la constitution de la famille. Encore une fois le *manifeste aux législateurs* vise peut-être bien à une émancipation totale, mais dans les articles de la proposition de loi, il n'est question de rien de pareil. Tant mieux, sans doute, mais n'est-ce pas une inconséquence ?

Inutile, si la conduite du mari ne donne lieu à aucun grief, la séparation quant aux produits du travail est, au cas contraire, une très imparfaite protection. Le mari est-il un ouvrier habile, gagnant de hauts salaires ? Comme il arrive trop souvent, ce qu'il gagne facilement il le dépense de même ; il se laisse débaucher. C'est sans doute très bien qu'il ne puisse mettre la main sur le salaire de sa femme ; mais si celle-ci, chargée de famille ou empêchée par la maladie, ne gagne rien ou ne gagne pas assez, ne conviendrait-il pas aussi de mettre obstacle à ce que le mari fasse de son salaire le pire emploi, en laissant femme et enfants dans le plus complet dénûment ? S'il y a dans le système proposé, comme c'est à croire, séparation relativement aux produits du travail tant au profit du mari qu'au profit de la femme, celle-ci est alors laissée sans secours aucun.

IV. Aussi bien est-il probable que la combinaison de séparation de biens restreinte, — assez mal définie d'ailleurs, — ne fût venue spontanément à l'esprit de personne comme pouvant être amalgamée avec le système du code civil, si l'on n'avait eu à invoquer l'exemple de plusieurs lois étrangères. Nous n'avons, nous dit-on, qu'à le suivre. Comme toujours, l'exemple des autres pays fait une certaine impression. Pourtant la sagesse commande de n'imiter autrui qu'à bon escient, après s'être assuré que les lois étrangères sont intervenues pour régir des situations semblables, qu'elles sont issues des mêmes causes, qu'elles répondent aux mêmes besoins sociaux, qu'enfin elles n'ont rien en soi d'irrationel ou de mauvais. Remarque de simple bon sens, superflue, pourrait-on penser ! Et cependant, combien de fois ne voit-on pas nombrer plutôt que peser les témoignages fournis par les lois des autres peuples ! Celles dont il est ici question sont surtout les lois anglo-américaines et la loi danoise.

En 1870, un bill a reconnu à la femme anglaise, en dehors de tout contrôle du mari, un droit exclusif sur les gages ou salaires gagnés dans tout emploi ou profession qu'elle tient ou exerce à part de son mari. Une première mesure protectrice, en 1857, ne lui avait reconnu ce droit qu'en cas d'abandon. Le bill de 1870 lui-même n'a été qu'une étape bien vite franchie dans la voie de l'émancipation économique de la femme mariée. La loi du 18 août 1882 a achevé l'évolution : la femme mariée a désormais le droit d'acquérir, de disposer par testament ou autrement de tous ses biens, de contracter librement sans aucune intervention comme si elle n'était pas mariée. Nous voilà loin de la séparation de biens quant aux seuls produits du travail, entée sur la communauté !

Si le point d'arrivée est bien différent, le point de départ est tout autre, sous un double rapport et quant à l'énergie de la puissance maritale et quant au régime matrimonial. Selon la *common-law,* conforme à notre vieux droit normand, la personnalité de la femme était, pendant le mariage, entièrement absorbée dans celle du mari, et, à moins qu'elle ne possédât des immeubles *(real property),* elle ne pouvait faire aucun acte de la vie civile, pas même tester [1]. Le Code civil n'a pas consacré une pareille omnipotence; la femme mariée a l'existence civile et si elle est incapable de contracter sans autorisation, elle n'est pas discrétionnairement soumise à l'autorité du mari, puisqu'elle peut être habilitée par justice au refus du mari; puisque, pour divers actes qui impliquent une volonté entièrement libre et spontanée, ainsi pour le testament, elle n'est soumise à aucune autorisation. C'est donc bien indûment que, dans son manifeste, Mme Schmahl accuse le Code civil d'avoir adopté le système le plus rigoureux de nos anciennes coutumes. La coutume de Paris, qu'on lui reproche d'avoir pris pour type, était en réalité moins autoritaire à l'égard de la femme, non seulement que le droit normand, mais encore que les coutumes de Bourgogne, de Nivernais, de Bourbonnais, etc.

La réaction contre la puissance maritale en Angleterre s'explique par ce que cette puissance avait d'exorbitant. En outre, la communauté de biens n'a jamais existé dans ce pays. L'affranchissement de la femme mariée s'est, à cause de cela, opéré sans rien détruire. Elle ne pourrait s'effectuer chez nous qu'en supprimant une force, la communauté. Que l'ancien droit anglais dût être réformé, c'est ce qui est incontestable; déjà, avant les lois de 1870 et de 1882, la Cour de chancellerie avait par d'ingénieux procédés préparé l'ordre nouveau au profit des femmes ayant assez de fortune patrimoniale pour suivre une voie aussi coûteuse. Est-ce à dire qu'on ait bien fait d'anéantir la puissance maritale après l'avoir refoulée? Aujourd'hui, selon la loi anglaise ou la loi canadienne, et selon la législation de plusieurs des Etats de l'Union américaine, le sort du mari dans la société conjugale n'est guère enviable : non seulement il est loisible à la femme, sans le consulter, d'ouvrir une maison de commerce, de spéculer à la Bourse, de contracter un engagement théâtral, d'accepter une donation de n'importe qui, — mais encore à l'espèce de société en participation assez lâche à laquelle se réduisent ses rapports d'intérêts avec le mari, il dépend d'elle seule d'opposer une association contractée avec un tiers, fût-ce une société autrement forte, telle qu'une société en nom collectif, en sorte que le centre de gravité des intérêts économiques de la femme peut se trouver non dans le mariage mais en dehors!

[1] V. Ribot, *Bull. de la Soc. de législ. comp.*, 1871, p. 6 et suiv.; Glasson, *Hist. du droit et des instit. de l'Angleterre*, t. VI, p. 201 et s.; *Annuaire de législ. étrang.*, 1883, p. 329.

La seule loi qui, à l'heure actuelle, sanctionne un système mixte de communauté et de séparation de biens, identique à celui de l'*Avant-Courrière* — qui en reproduit le texte presque littéralement — est la loi danoise du 9 mai 1880. En Danemark, comme en France, le droit commun est la communauté de biens entre époux. La loi de 1880 a cependant donné « à la femme seule le droit de disposer entre vifs, sans le consentement de son mari ni d'aucun autre tuteur, des produits de son industrie personnelle lorsque cette industrie n'est point alimentée ou entretenue en majeure partie des deniers du mari ou de la communauté ». Un tel droit serait pour la communauté un germe de mort; la preuve en est déjà faite. Si l'on trouve avantage à maintenir la communauté qu'on se garde de l'y introduire. Dira-t-on que la loi danoise a combiné la séparation des produits du travail de la femme avec la communauté? Cela est vrai, mais elle a eu tort, pour les raisons déjà données et pour d'autres encore.

Au lieu de séparer les époux, qu'on resserre plutôt leur union économique : la vie commune, dans les classes laborieuses où l'on se marie sans contrat, a pour loi le travail; qu'on ne fasse pas du travail de l'un et du travail de l'autre des intérêts séparés! Qu'il y ait un même stimulant pour l'activité et pour l'épargne! N'affaiblirait-on pas le sentiment de la prévoyance familiale, si utile à encourager surtout dans les populations ouvrières, si l'on éveille mal à propos les sentiments égoïstes, si on laisse chacun y donner satisfaction en usant pour ainsi dire d'un droit? Chacun ne sera-il pas encouragé à penser et à dire : « Je fais de ce que je gagne, à mon plaisir! »

C'est une tout autre pensée qui a inspiré une loi française dont on a bien à tort tiré argument en faveur de la réforme proposée, la loi du 9 avril 1881 sur la Caisse d'épargne postale. En permettant à la femme mariée de se faire ouvrir un livret, de placer ses économies, sans l'autorisation du mari, cette loi a voulu stimuler l'épargne. La femme a obtenu le droit d'en prendre librement l'initiative. On a compté sur ce fait qu'en général la ménagère a, parmi les classes laborieuses, beaucoup plus l'esprit d'économie que le chef de famille.

A-t-on entendu ainsi émanciper la femme de la puissance maritale? Non, en aucune manière. Elle est censée agir comme mandataire du mari et elle a droit de placer les économies réalisées sur les revenus du mari aussi bien que l'épargne provenant de son gain personnel. Quelle que soit d'ailleurs la provenance des sommes déposées par la femme, le mari garde sur elles tous ses droits de chef de la société conjugale : il peut donc soit en opérer le retrait, soit faire opposition au retrait que la femme voudrait opérer. Celle-ci n'a pas la haute main sur l'épargne dont elle a pris l'initiative. Elle affecte à un dépôt d'épargne les sommes disponibles de la même façon qu'elle en dispose par ailleurs pour les dépenses quotidiennes du ménage.

Rien donc dans la loi de 1881 qui ait affaibli soit la puissance maritale, soit le régime de la communauté; or, c'est là l'essentiel. Communauté et puissance maritale sont les deux assises de la constitution économique de la famille; c'est sur ce double fondement que doit reposer le régime de droit commun entre époux.

L'échafaudage laborieux du régime de droit commun qui, dans le projet de Code civil allemand, figure sous le nom de régime d'administration commune (*Werwaltungsgemeinschaft*) réserve à la femme un droit absolu sur les produits de son travail et quelques autres catégories de biens. Il est assez étonnant qu'on ne l'ait pas jusqu'ici fait intervenir dans la discussion. Peut-être en analysant ce projet, même d'une manière sommaire, comprendra-t-on mieux que le problème de l'unité de direction et du règlement équitable des intérêts respectifs, au sein de la société conjugale, est inconciliable avec un régime exclusif de communauté employé comme régime de droit commun [1].

L'*administration commune* du projet allemand a plus d'une analogie avec notre régime sans communauté. En principe, les biens de la femme sont dotaux; le mari en a l'administration et la jouissance; aucune part dans les économies réalisées sur les biens dotaux n'est attribuée à la femme. Enfin tout ce qui se trouve en la possession du mari est censé lui appartenir *(præsumptio Muciana)*. Dans l'hypothèse où ce régime résulterait d'un contrat de mariage, il serait aisé, par le contrat même, de corriger ce qu'il aurait d'exorbitant au profit du mari. C'est ainsi, que chez nous la femme qui se marie sans communauté peut se réserver l'adminis-

[1] Sur ce projet, cons. *Motive zu dem Entwurfe*, t. IV, Eheliches Guterrecht, pp. 133 et suiv.; Bufnoir, *Bull. de la Société de législ. comp.*, 1890, pp. 684 et suiv.: Gierke, *Der Entwurf eines burgerlichen Gesetzbuchs*, pp 403 et suiv. V. aussi les articles de revue cités ci-après, notamment l'analyse très complète de Mitteis.

tration, la jouissance et même la disposition directe d'une partie de ses revenus, si ces revenus sont assez considérables par rapport à ceux du mari et aux charges du mariage pour motiver une semblable réserve. Par là, et dans la mesure convenable, est conjurée l'injustice qu'eût produit un usufruit dotal universel : la femme sera mise à même de réaliser des économies à son profit.

Qu'au contraire un tel régime serve de régime de droit commun, c'est alors la loi elle-même qui devra fixer les catégories de biens dont la femme sera présumée s'être réservé l'administration et la jouissance (*Vorbehaltsgut*). Le pourra-t-elle faire sans quelque arbitraire? C'est aussi la loi qui aura à régler la capacité de la femme sur les biens réservés, à fixer les pouvoirs du mari sur les biens dotaux. Tout cela ne va pas sans quelque complication et, malgré tous les soins pris pour restreindre aux biens non réservés l'usufruit marital, dénier à la femme une part quelconque dans les économies réalisées pourra paraître encore peu équitable.

Le projet allemand est-il venu à bout de tant de difficultés? En regardant du côté du mari, on a tout d'abord l'illusion d'un pouvoir réel, d'une concentration des intérêts économiques opérée au profit du chef de la société conjugale, mais, — d'une part, la femme conserve, selon la tradition, la présidence et la direction du ménage (*Schlüsselgewalt*), et, quoiqu'il s'agisse d'intérêts qui sont présumés ceux du mari seul, cette mission de la femme lui permet de le représenter dans tous les actes qui y sont relatifs : il ne dépend même pas du mari de la lui retirer arbitrairement; — d'autre part, les pouvoirs du mari sur les biens dotaux sont si restreints, même en ce qui concerne les meubles, que l'intervention de la femme est rendue souvent nécessaire; de là une source de fâcheux conflits. Enfin, sur les biens réservés — ce qui est beaucoup plus grave — la femme acquiert une pleine indépendance, un droit d'administration, de jouissance et de disposition aussi complet que si elle n'était pas mariée. Ce n'est pas le lieu de rechercher si une telle capacité est conciliable avec l'interdiction faite par le projet à la femme d'engager par aucun acte, directement ou indirectement, les biens dont le mari a la jouissance; à cet égard, le projet paraît mériter de sérieuses critiques. Inutile, en outre, de répéter que cette entière indépendance est difficilement conciliable avec la puissance maritale dont dépend cependant pour la femme l'autorisation de louer ses services ou d'exercer une profession quelconque. — Or, la liste des biens réservés légalement [1] est considérable, ce qui aggrave l'échec porté à la puissance maritale et à l'apparente administration commune. Elle comprend ceux que la femme a acquis par succession, legs ou par donation entre vifs, si telle est la volonté du *de cujus* ou du donateur; ceux qu'elle a acquis par acte entre vifs sans l'assentiment ou au cas de refus du mari; ceux qui proviennent de son travail en dehors de la participation qu'elle doit au travail du mari, ou par l'exercice d'une profession ou d'une industrie distinctes; enfin, ceux qui sont dans son patrimoine la représentation d'une valeur provenant d'un bien séparé. Pour ne rien omettre d'essentiel, il y a, en dehors de tout ce qui précède, une catégorie de biens qui est soustraite à la jouissance du mari quoiqu'à d'autres égards elle soit dotale, ce sont tous les objets à l'usage personnel de la femme, vêtements, linge, bijoux, etc. Malgré le régime si profondément différent des biens dotaux et des biens réservés, les créanciers de la femme ont, en règle ordinaire, action sur les uns comme sur les autres. Toutefois, les exceptions à la règle qui permet la poursuite sur les biens dotaux et les cas dans lesquels le mari aurait droit à une récompense pour certaines dettes dont il est obligé de faire l'avance, introduisent dans le fonctionnement du système de nouvelles complications.

Beaucoup de travaux critiques ont été publiés, en Allemagne, sur le régime matrimonial du projet. Mitteis y voit une construction savante, mais d'une application difficile. C'est sa moindre objection : il le trouve inspiré par la défiance et pourtant d'une valeur protectrice douteuse au point de vue de la femme. Il critique enfin l'indépendance qui lui est donnée relativement aux biens séparés, la croit peu compatible avec l'unité du ménage [2]. Gierke aussi estime que c'est la ruine de cette unité [3]. Selon Bähr, l'usufruit des biens non réservés est le triomphe de l'égoïsme marital [4]. Malgré le travail qu'elle aura fourni au foyer, comme auxiliaire de son mari, malgré son rôle dans la formation de l'épargne, la femme

[1] Outre les biens réservés légalement, le projet mentionne, et même en première ligne (art. 1286), les biens expressément réservés par le contrat de mariage, disposition à mettre de côté puisqu'il s'agit ici du regime des époux mariés sans contrat.

[2] Mitteis, *Zeitschrift für das Privat und Offentl. Recht der Gegenwart,* 1889, t. XVI, pp. 582 et suiv., 596 et suiv.

[3] Gierke, *op. cit.*, p. 408.

[4] Bahr, *Kritische Vierteljahreschrift fur Gesetzgebung,* 1888, t. XXX, pp. 530 à 538.

se verra refuser toute part dans les économies faites par le mari! N'est-il pas inique et même contraire à l'*elegantia juris* que, si la cantatrice, la femme auteur ou artiste gardent tous les profits de leur activité, la femme, comme ménagère ou auxiliaire du travail de son mari, n'ait rien à attendre? Gierke, qui formule cette critique, craint, non sans raison, que l'harmonie du mariage n'ait à souffrir si les époux se livrent à une sorte de marchandage de la part de la femme pour garder pour elle et de la part du mari pour attirer à lui tel ou tel revenu provenant du travail de la femme [1].

La difficulté d'étendre aux parties de l'Allemagne qui ne la pratiquent pas la communauté de biens, le désir de realiser l'unité de législation au moyen de l'élément qui seul se trouve au fond des divers régimes pratiqués dans l'Empire, à savoir la concentration plus ou moins complète des biens aux mains du mari, la circonstance enfin que le droit commun actuel est un régime exclusif de communauté dérivé du régime dotal romain, telles sont les raisons de valeur inégale — dont aucune n'est peut-être bien décisive — qui expliquent d'abord les préférences de nombre de jurisconsultes pour le principe de l'administration commune [2], puis le choix qui en a été fait par les rédacteurs du projet de code [3]. Si l'œuvre de ceux-ci est imparfaite, ce n'est pas qu'elle n'ait été longuement élaborée, c'est plutôt qu'un régime exclusif de communauté ne convient pas au rôle auquel on le destine. Frappé des vices du projet, Bähr s'est étudié à rédiger un contre-projet basé sur les mêmes idées générales [4]. A-t-il mieux réussi? C'est fort douteux. Aussi bien, ce jurisconsulte conclut dans cette nouvelle œuvre, comme dans ses travaux antérieurs, en faveur d'une communauté d'acquêts. La communauté de meubles et acquêts serait mieux encore, pour maintes raisons, le régime type, mais, en Allemagne, on ne peut guère le proposer comme terrain de transaction entre les législations qu'il s'agit de remplacer.

VI. Plus conforme à l'esprit du mariage, la communauté sert

[1] Gierke, *op. cit.* et *loc. cit.*

[2] Cons. sur la série de congrès de jurisconsultes où la réforme des lois civiles a été discutée et sur les travaux préparatoires du Code civil, Bierhaus. *Die Entstehungs Geschichte des Entwurfes* dans les *Beitrage* de Bekker, 1er fasc. 1888.

[3] Sur les régimes matrimoniaux actuellement pratiqués en Allemagne, v. Bufnoir, *Bull. de la Soc. de lég comp.*, 1876, p. 163 et suiv.; Braun, Hegener et Ver Hees, *Traité pratique de droit civil allemand*, 1893, pp. 297 et suiv.

[4] Bahr, *Gegenentwurf zu dem Entwurfe*, 1892, pp. 271 et suiv.

bien mieux les intérêts économiques des époux, elle encourage l'initiative, l'esprit d'épargne, développe la base du crédit et assure à chacun une équitable rémunération de ses services. C'est avant tout le régime des sociétés démocratiques.

Le régime dotal, le régime sans communauté, celui d'administration commune du projet de Code allemand sont faits pour les classes possédantes. C'est l'observation très juste que présente Anton Menger à propos de ce projet [1]. Dans ce milieu social privilégié, où la femme apporte une fortune acquise, dont la propriété lui demeure, elle mène souvent une vie oisive, ne s'acquitte personnellement pas des soins domestiques, ni même toujours de l'éducation des enfants. Le mari a l'usufruit, mais aussi bien, c'est son travail seul qui tend à accroître les revenus destinés à supporter les charges du mariage.

La communauté de biens est au contraire le régime des classes laborieuses. La communauté d'acquêts est le régime type des classes moyennes : la femme y est associée au mari, artisan ou marchand, pour la production, d'où une mise en commun des produits de l'industrie, du travail et des économies faites au cours du mariage, mais une réalisation de la fortune patrimoniale de l'un ou de l'autre conjoint. La communauté de meubles et acquêts est le régime propre aux classes privées de capital, où le travail est la principale sinon la seule source de revenus, que le travail ait lieu dans l'industrie domestique ou au dehors. L'épargne réalisée sur les gains du travail ou sur le salaire par de communs efforts, doit profiter à l'un et à l'autre. S'il y a un patrimoine mobilier acquis, il n'est pas assez considérable pour qu'il soit exclu de la communauté. D'ailleurs, le plus souvent, aucun contrat de mariage n'est dressé, ni non plus d'inventaire. Seuls les biens immobiliers, si l'un des conjoints en a déjà lors du mariage, ou en acquiert par la suite à titre gratuit, constitueront des biens propres.

Le rôle historique de la communauté est conforme à ces aperçus. Quelque opinion qu'on puisse avoir sur les origines premières de la communauté entre époux, c'est dans les cités industrielles et commerciales nouvellement affranchies qu'on la voit éclore ou refleurir au XIIe siècle. Elle opère à chaque foyer une précieuse

[1] A. Menger. *Des burgerliche Recht und die besitzlosen Volksklasser*, 1890, p. 31 et suiv.

concentration de travail et de capitaux; les biens mis en commun donnent au crédit du mari et même à celui de la femme une base plus large, puisque les engagements que celle-ci, dûment habilitée par le mari, contracte relativement à ses biens ou à ses intérêts propres, peuvent être poursuivis sur la communauté et les biens du mari. Grâce au plein pouvoir de disposition qu'on reconnaît au chef de la communauté, l'esprit d'entreprise n'est gêné en rien. Enfin, dans nos anciennes mœurs, la dissolution du mariage ne rompait pas le faisceau des intérêts économiques : la communauté se poursuivait, primitivement du moins, entre le survivant et les enfants. Malgré les complications inhérentes à la liquidation de ces communautés continuées, peut-être y a-t-il lieu d'en regretter l'abandon, si on se place au double point de vue de l'autorité paternelle et des œuvres économiques dont elles permettaient de prolonger la durée et la prospérité, en évitant les conséquences souvent désastreuses d'un partage après décès.

Quoi que l'on puisse penser sur ce dernier point, tout au moins serait-il fâcheux, au point de vue économique, de laisser entamer la communauté de biens, restreinte désormais à la durée du mariage. Faisons comme nos ancêtres : protégeons la femme commune, et, puisque les protections actuellement établies sont imparfaites, protégeons-la autrement et mieux.

VII. Pour le temps qui suit la dissolution du mariage, le système de garantie en vigueur est complet. La femme a ce privilège exorbitant pour une associée de pouvoir soit accepter, soit répudier la communauté. Au cas de renonciation, elle ne sera tenue en rien des dettes communes; au cas d'acceptation, pourvu qu'elle ait fait inventaire, elle obtient cet autre privilège de n'être tenue que dans la mesure de son émolument tant au regard des créanciers qu'au regard du mari. Ses créances en reprise s'exercent avant celles du mari et, s'il est besoin, sur les biens de celui-ci; pour s'en remplir, elle a un droit d'attribution directe des biens communs. Si le Code civil a conféré au mari un pouvoir très étendu en qualité de chef de la communauté, s'il n'a pas voulu enchaîner son action par des mesures préventives ou restrictives [1], du moins une position défensive très forte est donnée à la femme. Comment dire sans

[1] Au contraire, dans le Droit portugais (Code de 1867), les pouvoirs du mari ont été très restreints, surtout sur les immeubles (art. 1119).

injustice que la femme, épouse et mère, a été sacrifiée à la consolidation de la puissance maritale?

C'est pendant la durée du mariage que la protection due à la femme est incomplètement organisée; pour être en droit d'user des mêmes privilèges qu'après la dissolution, elle est dans la nécessité de demander et d'obtenir une séparation de biens judiciaire. Or, la séparation ne répond, on le sait, ni à toutes les situations, ni non plus à tous les intérêts engagés. Quoi d'étonnant à cela? Ce correctif à la puissance du mari, autrefois seigneur et maître de la communauté, a été transposé par les légistes, du régime dotal romain, dans notre régime national!

A Rome, la femme dotale dont la dot était mise en péril, n'avait rien à perdre par une séparation de biens qui faisait cesser la mauvaise administration du mari et la mettait à la tête de ses affaires. Peut-on, chez nous, en dire autant de la femme commune? Non certes; la séparation de biens mutile ce que la communauté de biens avait créé; la femme obtient la moitié des biens communs — si tant est qu'elle ait intérêt à accepter — mais la liquidation, c'est la fin de l'œuvre entreprise en commun. Ne vaudrait-il pas mieux tenter de la relever, pour la femme et pour les enfants?

Il y a autre chose encore à considérer : la séparation, c'est la perte, pour la femme et aussi peut-être pour les enfants, d'un patrimoine que le mari sera, dans un avenir peu éloigné, appelé à recueillir par succession de son père ou de sa mère; ce patrimoine eût alimenté la communauté qui l'eût acquis en propriété quant aux meubles et dont elle eût obtenu la jouissance s'il est formé d'immeubles. Aucun moyen n'est mis à la disposition de la femme pour conserver cette source d'enrichissement, ni pour prévenir des actes qui priveront la famille d'une ressource suprême! La femme, il est vrai, grâce à la séparation de biens, ressaisit l'administration de sa fortune, mais ce n'est qu'avec une capacité restreinte; son initiative pourra être paralysée ou ralentie par l'exigence de l'autorisation du mari ou de la justice.

Sans supprimer la séparation, qui, en maintes circonstances peut servir les intérêts de la femme, il est donc nécessaire, tout en maintenant intacte la communauté, d'organiser de nouvelles protections pour la femme mariée. Ces protections sont sans contredit plus indispensables aux femmes qui appartiennent aux classes ouvrières, mais elles ne doivent pas être édictées à leur profit exclusif.

Il importe de conserver aux lois civiles modernes leur caractère de législation générale, de ne pas créer dans les lois constitutives de l'ordre familial, des catégories professionnelles. Seules les sociétés aristocratiques peuvent s'accommoder de lois civiles variant selon la condition sociale des personnes. Nous n'avons en France depuis la Révolution qu'un même droit pour tous.

VIII. Le manifeste de l'*Avant-Courrière* laisserait à croire que l'homme, dans son égoïsme, n'a pas songé à réformer le Code civil en vue de mieux protéger la femme mariée. Il est surprenant qu'il n'y soit fait aucune mention, ni non plus dans l'exposé des motifs, de la proposition de loi de Mlle Chauvin — ne fût-ce qu'à titre d'argument — des tentatives antérieures. L'une d'elles a cependant abouti, dans le cours de la précédente législature, à une proposition d'initiative parlementaire. Elle méritait d'autant moins d'être oubliée, que MM. Jourdan, Dupuy-Dutemps et Montaut qui, en juillet 1890, en avaient saisi la Chambre des députés, s'étaient inspirés des idées émises par un éminent jurisconsulte, M. Glasson, dans un remarquable mémoire sur le *Code civil et la question ouvrière*[1]; qu'en outre ces idées, depuis reprises et formulées en une série d'articles de loi (que la proposition parlementaire de 1890 ne faisait que reproduire, sauf quelques variantes) par MM. Glasson et Jalabert, ont été adoptées par la *Ligue française pour le relèvement de la moralité publique*[2]. Puisque, malgré la notoriété de ses promoteurs et les appuis qu'elle a trouvés, cette proposition n'a pas été visée dans les publications de l'*Avant-Courrière,* il n'est pas superflu de la reproduire ici.

Article premier. — Lorsque le mari met, par son inconduite, les intérêts du ménage en péril, la femme peut, sans demander la séparation de biens, obtenir de la justice le droit de toucher elle-même les produits de son travail et d'en disposer librement.

Art. 2. — Cette demande est portée par la femme au juge de paix du domicile du mari.

Art. 3. — En cas d'abandon, la femme peut, en outre, obtenir du juge de paix l'autorisation de faire saisir-arrêter et de toucher les deux tiers des salaires ou émoluments du mari, si elle a à sa charge des enfants issus du mariage, le tiers si elle n'en a pas.

Art. 4. — Le mari et la femme sont appelés devant le juge de

[1] Glasson, *Le code civil et la question ouvrière*, 1886, br. in-8°, p. 43 et s.

[2] V. *Compte-rendu des travaux de la ligue*, 1884-1887, p. 62 et s.. 1890, p. 15 et s., 25 et s.

paix par un simple billet d'avertissement du greffier de la justice de paix, sur papier libre, en la forme d'une lettre missive recommandée à la poste.

Art. 5. — Le mari et la femme doivent comparaître en personne, sauf le cas d'empêchement.

Art. 6. — La signification du jugement autorisant la femme à toucher une partie des salaires ou émoluments du mari vaut saisie-arrêt quand elle est faite à la fois au mari et au patron ou débitant *(sic)* d'émoluments.

Art. 7. — Tous les jugements rendus en ces matières sont essentiellement provisoires. Ils sont exécutoires nonobstant opposition ou appel.

Art. 8. — Les actes de procédure, les jugements et les significations prévus par la présente loi sont dispensés des droits de greffe, de timbre et d'enregistrement.

IX. La proposition de loi qu'on vient de lire a plusieurs mérites : 1° elle ne touche pas à la communauté de biens et ne lui substitue pas un régime hybride comme celui de l'*Avant-Courrière;* — 2° la protection qu'elle organise est graduée : dans le cas supposé le plus grave, elle permet à la femme de toucher une partie des émoluments du travail de son mari, ce à quoi n'avise pas l'*Avant-Courrière;* — 3° la procédure à suivre est aussi prompte, aussi peu coûteuse que possible. On ne saurait, sous ce rapport, imaginer rien de mieux.— Pourtant, à un double point de vue, la proposition de loi de 1890 laisse, ce semble, encore à souhaiter :

1° Elle secourt la femme déjà victime de l'inconduite ou de l'abandon du mari, mais elle ne lui apporte aucun moyen préventif. La femme qui a une fortune personnelle peut, par contrat de mariage, se réserver l'administration et la jouissance de ses biens; que ce soit par défiance ou par goût d'indépendance, elle est libre de faire insérer dans son contrat une clause lui donnant satisfaction ou garantie. Or, la communauté légale ne s'applique aux époux qui n'ont pas fait de contrat que par simple présomption d'intention. Faut-il que la femme qui n'est pas assez riche pour faire dresser par acte notarié un contrat de mariage soit moins bien traitée; qu'elle ne puisse prendre aucune précaution relativement au produit de son travail qui seul la fait vivre? En 1850, on a organisé la publicité des contrats de mariage au moyen d'une interpellation de l'officier de l'état civil et d'une mention dans l'acte de célébration. Ceci a été fait dans l'intérêt des tiers. Pourquoi ne ferait-on pas quelque chose d'analogue dans l'intérêt de la femme? Avant le prononcé de l'union, sur l'interpellation de l'officier de l'état civil, la femme serait admise à déclarer si, bien qu'elle n'ait pas fait de contrat, elle veut se réserver de toucher elle-même les gains de son travail, à charge de contribuer aux charges du mariage dans la proportion du tiers conformément à l'art. 1537 du Code civil; de son côté, le futur mari aurait à déclarer s'il y consent. L'acte de célébration contiendrait mention de l'interpellation, de la réserve faite par la femme ainsi que du consentement du mari.

Objecterait-on que c'est, sous une autre forme, consacrer ce que demande l'*Avant-Courrière?* Mais ce que celle-ci demande, c'est une modification au régime de communauté auquel elle juxtapose une séparation de biens *ipso jure*. Tel serait désormais le droit commun. Si la femme se réservait, par l'acte de célébration de mariage, un droit direct sur les produits de son travail, ce serait par une manifestation formelle de volonté — regrettable peut-être — mais équivalente à celle qu'elle eût pu formuler par acte notarié. La nature différente de l'acte ne saurait justifier une restriction à la liberté des conventions. La femme qui ne peut ou ne veut faire dresser un contrat de mariage, doit pouvoir sauvegarder en se mariant ses moyens directs d'existence.

Si l'on admet ceci et la combinaison proposée, l'expédition par la poste de l'extrait de l'acte de l'état civil, délivré sur papier libre, adressée-recommandée au patron ou employeur de la femme, vaudrait saisie-arrêt.

2° On a très judicieusement voulu établir une gradation dans la protection due à la femme. Les articles 1 et 3 distinguent l'inconduite du mari — cas auquel la femme peut obtenir de justice l'autorisation de toucher les gains de son travail — et l'abandon qui lui permet en outre de saisir-arrêter et de toucher une part, variable d'ailleurs, des salaires ou émoluments du mari. Il y a en effet une gradation à faire selon la gravité des cas, mais non celle qui apparaît dans ces deux dispositions. L'abandon du mari est, à certains égards, une circonstance aggravante; il implique l'adultère ou une vie de débauche. Et pourtant, en bien des cas, la présence au foyer d'un mari qui se livre à l'intempérance, n'est-elle pas pire encore? Si alors il dépense tout ce qu'il gagne et reste à la charge de la femme, il n'y a pas de situation plus digne de pitié. On cherche vainement pourquoi, au cas d'ivrognerie habituelle et notoire, la femme non délaissée, ne serait pas armée pour disputer au cabaret la paie d'un alcoolique, peut-être encore habile ouvrier, gagnant les jours de travail un haut salaire. Ce n'est pas là une hypothèse forgée à plaisir : les industries d'art, en particulier, en fournissent de trop nombreux exemples. Le législateur anglais a dû renoncer à la distinction du cas d'abandon et de celui de l'inconduite sans abandon. La gradation de la protection nécessaire ne doit être cherchée ni dans les circonstances extérieures, ni dans les faits d'immoralité plus ou moins graves; elle doit dépendre d'un pur point de fait laissé à l'appréciation de la femme d'abord, du juge ensuite, à savoir si l'inconduite du mari est ou non invétérée, s'il y a oui ou non à espérer le retour à une vie réglée.

X. Au cas d'inconduite due à un entraînement peut-être passager, la femme, abandonnée matériellement ou moralement, se borne à invoquer l'une des obligations nées du mariage, l'obligation de secours pour elle, l'obligation d'aliments pour ses enfants : en cette hypothèse, le juge de paix pourrait l'autoriser, selon les formes indiquées dans les articles de 1890, non seulement à toucher les produits provenant de son travail, mais à saisir-arrêter une quote-part déterminée par le jugement, des salaires ou émoluments du mari. Au lieu de fixer cette quote-part au tiers ou aux deux tiers, selon la distinction faite par l'article 3, on laisserait à cet égard au juge le pouvoir de l'arbitrer selon les circonstances.

L'inconduite au contraire est-elle invétérée; y a-t-il abandon prolongé ou — ce qui équivaut — condamnation à une peine de longue durée, la femme a besoin d'autre chose que d'une protection en quelque sorte provisoire; elle doit avoir le moyen d'assurer son avenir et celui de ses enfants. Ce moyen, différent de la séparation de biens, doit être organisé en dehors de celle-ci, en maintenant la concentration de forces et de ressources due à la communauté. Pourquoi ne pas rendre possible la continuation du commerce ou du métier qui fait vivre la famille, pourquoi, si les enfants sont jeunes encore, énerver l'action de la mère en la renfermant dans les limites étroites de la capacité de la femme séparée de biens? Il est rationnel que la direction de la société conjugale appartienne au mari, mais lorsqu'il faillit à sa tâche, par indignité ou par désertion, le salut de la famille ne veut-il pas que cette direction, au lieu de s'évanouir, soit transmise à la femme? L'autorité dans le mariage serait-elle plus nécessairement inhérente à la personne du mari, que la puissance paternelle à celle du père? En ce qui concerne celle-ci, on a été lent à le reconnaître, mais enfin, on s'est aperçu qu'elle devait cesser de couvrir les mauvais traitements ou une odieuse exploitation : le législateur s'est résolu à en réprimer les abus, à en déclarer déchus les pères indignes (loi du 24 juillet 1889). Au cas d'indignité du père, la justice décide si la mère exercera les droits de la puissance paternelle (art. 9). N'est-il pas tout indiqué de compléter cette excellente innovation en étendant au cercle des intérêts économiques de la famille le régime qui a été trouvé acceptable pour l'autorité sur la personne et les biens des enfants?

Dans tous les cas d'indignité spécifiés par la loi à intervenir, ou au cas d'abandon prolongé, de condamnation pénale de longue durée, le juge de paix, sur la demande de la femme, aurait mission — après le jugement provisoire l'autorisant à toucher ses propres salaires ou à faire opposition sur ceux du mari — de transmettre les pièces et les résultats de son enquête sommaire au procureur de la République qui procèderait de la même manière qu'au cas d'instance en déchéance de la puissance paternelle et exercerait d'office l'action en déchéance de la puissance maritale. Pendant l'instance, la Chambre du Conseil pourrait conférer à la femme le droit d'exercer les mesures provisoires ou conservatoires dans l'intérêt de la communauté. Le jugement prononçant la déchéance aurait pour effet de donner à la femme tous les pouvoirs dont était investi le mari en qualité de chef de la communauté. Se récrierait-on sur ce qu'il y aurait d'énorme dans cette interversion des rôles naturels? En cas d'abandon, du moins, on aurait tort d'en être choqué comme d'une nouveauté : le Code civil lui-même (art. 124) n'a-t-il pas, en cas d'absence, permis à la femme d'opter pour la continuation de la communauté et d'en prendre l'administration? La sentence judiciaire de déchéance, au cas d'abandon, ne peut-elle justifier un règlement analogue? Si l'on admet ceci, fera-t-on de la présence d'un mari foncièrement indigne un obstacle insurmontable à ce que la femme soit investie de la direction? Non, si l'on pense qu'il y a un abandon moral pire que celui qui résulte de l'absence.

Toucher à la loi civile est toujours grave, mais ici une réforme en vue de mieux protéger les intérêts économiques de la femme mariée est impérieusement commandée. Appeler l'attention sur les moyens qui ont été mis en avant pour la réaliser, soumettre à la critique une combinaison plus complète, plus conciliable peut-être avec les intérêts de la famille, tel est le but de cette étude. Elle ne serait pas entièrement inutile si elle donnait de la difficulté des questions à résoudre une vue plus nette, si surtout elle mettait en garde contre les improvisations législatives qui deviennent, à notre époque, une dangereuse manie. Les ligues masculines ou féminines y paraissent vouées par nature ; mais les Parlements tant en France qu'ailleurs ont-ils fait tout le possible pour échapper à la contagion ?

Paul CAUWÈS.

17,992. — Bordeaux, Ve Cadoret, impr., rue Montméjan, 17

www.ingramcontent.com/pod-product-compliance
Ingram Content Group UK Ltd.
Pitfield, Milton Keynes, MK11 3LW, UK
UKHW021037260726
13994UKWH00005B/2219

9 782329 157474